覆瓿餘草

明弘居士　著

自序

余何嘗知詩。少生邊鄙，幸識之無，殘箋寸紙，見而寶重，一言一句，聞即誦習，書獲借讀，或加謄副，累年月宗旨所在其猶未悉。長游四方，放心未藥，淹忽憊怠，不可雕污，浸浸乎竟致蹉跎。及碌碌經年，所成何事，唯知今是而昨非，日以培德養氣，務本為要。第以積習未除，時或颦效風人，出語俚俗，措意悠謬，音聲悖舛，所在多有，聊以自適，庶破寂寥已而。十載零什，約為一編，或有覽者，知其不學。

目次

偶成 1

旅日雜詩七首 1

路見 4

鵝湖書院 4

得書 5

戲作 5

吃茶 5

漫成 6

梅花道場打七詩 6

學書偶得 8

戲成 9

贈徐博凱 9

贈王華中 10

中元 10

獨省 11

獨坐 11

葉硯　12
菊花茶　12
鼋頭渚　13
紀訓　13
偶遇　14
旅韓雜詩八首　15
冬閑　17
范師六十壽　18
贈陶祖春　18
贈內　19
詠錐五首　20
墨意　21
八聲甘州　松江對雪遥寄諸道友　22
青玉案　22
運腕　23
參禪偈三首　23
立春　24

初五　25

崇明島　25

觀典師論揚州黃君書　26

食局　26

曉賓寄墨來並饋筆擱墨承書一冊　27

筆法　27

偶得　28

永遇樂　白鹿原　28

水龍吟　感事　29

書法群見書友互道情誼為作　29

攜兒步雨　30

江畔放生　30

得典水先生雲臥三十年法書　31

答深圳朱星星先生賜法書　31

與友人說詩　32

消夏四首　32

英國公投脫歐　33

攜兒步月　34
移居馬橋　35
初秋早起　35
登縹緲峰　35
遊德清二首　36
蘭陵王　川普當選　37
旅法雜詩十一首　37
送友人　40
自譴　41
寄恒生師　41
滿庭芳　又至中山　42
滿庭芳　登白雲山　42
廣州蘭圃　43
報孫哲峰先生賜法書　44
杭州灣跨海大橋　44
巴黎莎士比亞書店　45
巴黎聖心堂　45

香港回歸二十周年　46
聽人說蘭　46
悼人　46
黛螺頂五方文殊殿　47
恒兒入學　47
秋日食蕎麥籠餅　47
關島佛光山　48
望海潮　關島中秋　48
菜根譚　49
孤蓬搖月　50
攜子登吳中穹窿山　50
留別太湖東山　51
悼慈母　51
冬夜聽雨研墨　52
錦纏道　丁酉歲末觀雪，戲擬花間意　52
贈內　53
新春訪梅　53

春夜觀書　54
沙頭雨　得止聞齋仿董其昌山水　54
憶江南 多倫多　55
春分日送管城子逸虬先生之新吳訪抄經人　55
溪口蔣氏故里　56
雪竇山　56
大隱雲溪寺　57
妙高臺　57
徐健順先生講吟誦　58
廣州天河　58
滿庭芳 個園　59
南匯新城　59
上海玉佛寺荷花　60
明靈道人將赴雲南支教　60
清水寺　60
張遠山先生《玉器之道》出版　61

少年游　金庸辭世，步其原韵悼之　61
祝英台近 初雪　62
元旦贈道宗法師　63
東北酸菜　63
侍老父散步　64
菩薩蠻　崇明觀雪　64
畫堂春　65
明靈先生于雲南支教地啓動「美麗吟誦」　65
董其昌書畫展　66
聽馮滿天彈阮　66
讀詩下酒　66
永遇樂　遙聞李劼張遠山兩先生紐約之會　67
破陣子　67
一叢花　68
偶占　68

一剪梅　網上拍得李劼先生手札一通　68
戲爲　69
游蘇州東山　70
與德海先生石湖小坐　71
得書《立墨》　71
送學歸過小橋　72
沈陽省父　72
洞仙歌　73
偶得　73
畫堂春　74
與兒　74
攜兒聽李劼師講古希臘　75
東北返滬浦東機場偶遇遠山師　75
望月懷遠　75
踏莎行　76
望海潮　77
即景　78

感事　78

無題　78

夢悼雙親　79

出游　79

蜉蝣　79

集句　80

辭國　80

滿庭芳　寄平江舊友　81

大雪　81

秋樹　82

橡村除夜　82

初春　83

暮春偶識　83

悼人　83

後園集句　84

加拿大千島湖　84

去國一載　85

中秋步月安大略湖畔　85

阿崗昆即景　85

信淨師于杭州廣安寺剃度　86

喻智官先生《福民公寓》新版上市　87

即景　87

遠山道人卅載文集感賦　88

水邊　88

偶成

漠漠閑雲寄遠空，垂楊拂處漾春蹤。負暄晏坐無心事，宛轉飛禽西復東。

（二〇一五年四月十日）

旅日雜詩七首

大阪城

大阪城為豐臣秀吉故宮，位於大阪市。

興亡何意此登臨，剩有孤絕警後昆。無奈憑風櫻似雪，一天散落你儂裙。

清水寺

吾此言汩沒，意謂苦海波瀾，衆生頭出頭沒，輪回其間。念念觀音者，苟能精進修持，每一念頭，咸能以清靜覺性，如如觀照，則念念觀音，反聞自性，定慧等持，方能苦海波平而超脫之。但言斯理，其事豈易哉。

不論中土與東瀛，念念觀音汨沒平。臨去回頭何所見，路旁無語化緣僧。

高臺寺

寺中有古迹遺芳庵，山門處有該寺所制綫香，其味辛洌，如聞法藥。

愛傍高臺一抹雲，山中四季迴無塵。遺芳故跡真香在，何必天涯處處尋。

圓山公園

數石突兀水中，兩禽佇立其上，相對默然久之。

緣去緣來喙不置，止乎所止意遲遲。旁觀羨慕翥飛客，落落如君一霎痴。

小弄

花見小路名甚著，其側小弄，尤令人癡絕。

誰把素箋蒔此中，花木偎依水玲瓏。才聞簾內寥寥語，卻看欞樞妙不同。

稻荷神社

于時吾作意觀想，以神念禮喚，俄爾似見稻荷大神裝束如唐人者，正襟危坐，高大如山，而意氣極和，清透如水珠然。僕于神意間禮問之，大神作答，所謂問答不必言辭，皆以神會，心問乍生，酬答隨會。大神云：中日友好，消灾袪難，長壽康健，并于其時十指放光，余會得十方光明之意，乃默誦心經回向。

水土司方自有神，一酬一應幻如真。無人可道通靈語，坐看山前起暮雲。

法善寺

廣島某依山飯舍，爲園林舊迹，雅致可人，余等會議畢，宴于此。大阪市有法善寺，供奉不動明王，歷劫不倒，其身遍生青苔，禮者可淋水供奉，殊异其致。

今日沉酣良宴會，悲來興盡又誰陳。風濤起落海無恙，記取明王 3
不動尊。

（二〇一五年四月底）

路見

駕車自滬之贛，途經天臺、富春、天目、三清諸山，皆勝絕。天臺爲徐霞客出游之始，冠其游記，主峰曰華頂，以四周群山相拱，層層如蓮，此峰正當其頂，故名。富春山，為嚴子陵之所隱。天目山有九曲溪，余曾往游。上饒古之信州，有信江，源出三清山，三清山以玉京、玉虛、玉華三峰宛如玉清、上清、太清三尊列坐山巔而得名。

電掣風馳看不停，一山還比一山青。淩絕華頂思霞客，垂釣富春憶子陵。天目光中觀九曲，信江源上坐三清。休言世道多艱險，五省倏忽如畫屏。

（二〇一五年四月二十九日）

鵝湖書院

遺恨厓山七百年，鵝湖會後柱石殘。黯然天水南朝事，寂寞煙村數畝田。格致心源人不再，徘徊光影鑒如前。太息暮色迷來路，日月長存天壤間。

（二〇一五年五月二日）

得書

開卷長有益，觸手新墨香。摩挲意未已，逡巡步當窗。時節方立夏，有鳥止復翔。光陰疊木葉，天地自蒼黃。翼然侵眉發，清風入明堂。

（二〇一五年五月十日）

戲作

山中歲月雨無情，一碗白粥啜又停。老去光陰渾似夢，依稀總有故人聲。

（二〇一五年五月某日）

吃茶

新綠一杯妍，浮生片刻閑。無心觀起落，有味是沉潛。遍歷塵中事，方知座上禪。悲欣思舊往，緩緩俱回甘。

（二〇一五年五月二十六日）

漫成

經年心事莫推求，緣法興頹任去留。丘壑胸中同樗隱，繁華海上等浮漚。天涯咫尺尋常見，方寸三千汗漫游。諸事無心唯晏坐，人來指看月如鉤。

（二〇一五年六月某日）

梅花道場打七詩

典水先生，世之善書而得古道者。雅集蘭山精舍，授業梅花道場，乙未之夏，首開網路教學，余幸逢其盛，詩以紀之。

其一

淩雲健筆意縱橫，為繼絕學應運生。一掃頹靡天下溺，梅花道場振宗風。

淩雲健筆意縱橫，用杜陵句。

其二

一按一提恁作麼，我師心法趙州茶。節節用力獅撲象，掉首回足處處家。

其三

春夢無痕補與接，當機乘勢演婆娑。唐人歇筆今人續，千古綿連一氣呵。

其四

虛實掩映破頑空，明過游龍暗踞松。砥礪方圓修內外，轉折風致有無中。

其五

抱負陰陽點畫生，龍吟虎應每傳情。周行不殆還丹轉，一字風光法界成。

其六

道隱山陰萬世則，疑真疑偽是非多。一俟蘭山獅子吼，法帖重光晏海河。

其七

歙硯最佳者產于婺源龍尾山，故又稱龍尾硯。

天地鐘靈降雨華，山蟠龍尾是君家。知白而守淵然默，氣象萬千任筆發。

其八

「逸虬」為梅花道場監製之筆，為書友所愛。

四德兼備有同修，君子謙謙號逸虬。不見全牛惟任運，提攜共上九重樓。

其九

無邊水月與空華，世味年來薄似紗。誰令十方同聚會，春蠶食葉好生涯。

世味年來薄似紗，用放翁句。

其十

董其昌《畫禪室隨筆》云：予學書三十年，悟得書法而不能實證者，在自起、自倒、自收、自束處耳。典水先生論筆法每道及之。

香光悟道感衰年，典水傳燈禪外禪。八載潛龍初駷躍，梅花萬點報春妍。

（二〇一五年六月）

學書偶得

君子慎獨復慎思，筆從曲處還求直。人間道路行方正，紙上安能苟半絲。

筆從曲處還求直，用林散之句。

（二〇一五年六月某日）

戲成

蘭亭集後餘韻長，山海相隔亦未妨。夜半清興難遏減，蜀山墨客吭毫忙。

（二〇一五年六月某日）

贈徐博凱

徐君博凱，籍于贛而居于蜀，當世書家，典水先生授課，徐君爲輔。其人最精筆法，一門同道，咸稱之爲「法師」，吾等學書，深賴其心血傾注，示範不私纖毫，評點不捐細大，解說不厭其煩，才學可佩，婆心可感，聊述以詩。

何事流連詩佐茶，與君同駐數梅花。初識磊落胸中氣，最愛斑斕筆底霞。善誘循循說古法，松風鬱鬱過雲崖。若人驚問二王意，笑指神京典水家。

（二〇一五年六月某日）

贈王華中

武漢王君，以華中名，且掌某司華中區財務，余亦以計會謀食，然則業爲同行，好在同道，學在同門，緣深者如此。余學書之初，于筆法未窺門徑，點畫支離，一籌莫展。斯時恰值其至滬公幹，撥冗授教。其最著者，曰作書時非以指節動，實以腕，甚或小臂帶動，而得圓轉之勢。余當時依法書之，一橫深合其道，君嘉之，余亦甚快，猶如撥雲見日，然則華中真吾師也。

手納乾坤筆陣圖，翩翩楚客至鴻鵠。清茶濃墨兼餘味，月在中天水在壺。

（二〇一五年七月七日）

中元

星河起落玄天外，性命窮通五數中。素月清光宜檢點，春來勁吐萬花叢。

（二〇一五年八月二十八日）

獨省

黃浦江邊日破雲，怡人光景未秋深。輕雷昨夜發天喟，霽月今宵入夢吟。萬類相安惟本分，一身而立賴酬勤。陰晴我命思來自，莫教真心蔽妄塵。

（二〇一五年九月五日）

獨坐

其一

秋風疾馬過千門，靜水無塵息客心。地遠天高飛鳥盡，倚石無語待來人。

其二

孤鴻何意止松濱，爲賞秋蟲夜半琴。才見曦微開睡眼，長風浩蕩舉鵬鯤。

（二〇一五年九月十日）

葉硯

一葉形老硯，友人代硯主公諸網店欲售之。余乍見似熟稔，亦未深以為意。向晚無事吟哦，竟成此律。又旬月，硯主乃重開鋒，見青花如雨，滿堂透碧，細考較之，爲端無疑。余乃攜歸。

相忘江湖一葉舟，往來天地與同儔。毫端蘊秀臨霜寫，墨路凝光泛海流。輾轉松烟濃淡盡，消磨月色古今愁。如何成就林中意，聞法丘山曾點頭。

毫端蘊秀臨霜寫，用林黛玉句。

（二〇一五年九月二十二日）

菊花茶

清香輕苦淡煙霞，如對詩書氣自華。欲問黃英霜下隱，東籬數柳覓陶家。

（二〇一五年十月十二日）

黿頭渚

其一

太湖黿頭渚，多吳越爭雄舊跡。湖中有仙島，島上有遇仙橋。

畢竟湖山無限好，何嘗寸土屬強豪。甘為牛馬眾生下，便登仙島過仙橋。

其二

蓋范蠡當年，輔勾踐施以奇計，獻美而滅吳。事成歸去，從商致富而散其財者再四，人稱陶朱公，後世尊爲財神，真古之道人也。

興越歸來泛五湖，千金聚散有同無。功成身退循天道，閑看螺山碧幾斛。

（二〇一五年十月十八日）

紀訓

余公務入韓，筆墨隨身，未廢斯事。至韓首日，晚臨蘭亭，發于網路，典師次日見之而有開示。云吾筆性，可走寬博一路，不必拘泥於細節，當專師顏魯公為上。又魯公與素師同出一門，亦有師友之誼，功力也是一流，可以互補。臨蘭亭只可爲筆法常習，以滋養主學。顏帖薦以爭座位、三表帖。幷有三表帖原拓極稀見者，以示吾等。

暫攜紙筆入韓邦，夜對蘭亭臨數行。千里殷勤說法旨，只言謦咳醒愚盲。參學狂素溯門第，步武顏公識盛唐。更喜篋中奇秘帖，毫端尋訪適吾鄉。

（二〇一五年十一月十一日）

偶遇

余在韓國水原，會議畢，晚信步街衢，弄中咖啡小店玲瓏可人，其店員稍通英語，助其店主相談頗暢，相與歡然，倩留影留字爲念，余因占此書之寄壁。

此遇殊佳妙，一杯滋味深。何妨言語异，相契甚歡欣。

（二〇一五年十一月十二日）

旅韓雜詩八首

奉寧寺

奉寧寺在水原市區，小山之中，景致清幽，爲尼衆道場，屬大韓佛教曹溪宗。

誰奉清寧一片天，梵香饒益此人間。中庭水碧嘗甘洌，認取曹溪法同源。

華城行宮

朝鮮史上正祖大王，約當清乾隆時，爲一時仁主，飽學儒術，孝親至殷，撫愛其民。新建水原華城，文治武功，一時之盛。華城行宮外，有與民亭，至今尚在。當時正祖曾于華城行宮奉壽堂爲其母惠慶宮洪氏行進饌禮，即韓俗于父母花甲之歲爲壽，曰還甲之慶。嗣後復于洛南軒開養老宴，款民之壽者，老吾老以及人之老，位極人主，孝親而孝天下，真吾儒化邦之楷模。

文武一時建水原，與民亭外籠雲煙。吾儒治世憑淳孝，壽宴至今贊洛南。

宗廟

韓國宗廟，在首爾鐘路區勳井洞，祭祀先王之所在。廟中有路，中間稍高者，示曰神路，禁人踏足。

蒼松穆穆舊高臺，落葉斑斑盡掩埃。愼莫試足神路上，逡巡應有故王來。

昌德宮後苑

新黃銀杏倚青松，楓樹參差雨後紅。還向幽深深處覓，天留此勝慰寰中。

景福宮

坐望南天貫紫虹，連山棟宇勢軒宏。當時王氣勃然在，精進斯民百業中。

曹溪寺

其一

倒倒顚顚世界遊，生生世世不知休。尋尋覓覓爲何事，行見曹溪好掉頭。

其二

曹溪寺爲大韓佛教曹溪宗之總本山，余初至首爾，即按圖索其所在。次日微雨，於途已得詩之其一，然終未至。次日天空清碧，復尋之，於仁寺洞街中，欣然睹其標示。至山門，余欲留影爲念，倩人助攝之，其人擺手而去，余豁然有所會意。山門內有句曰：曹溪山上一輪月，佛佛祖祖唯此傳。余于大殿上早課，庭中繞塔七匝，請香一盒，得詩之其二乃去。

掉頭但見一輪月，度盡千江無轉移。才至山門得法藥，不留痕迹到曹溪。

首爾佛光山寺

佛光普照透三千，上溯宜興話百年。葉茂根深蔭四海，五洲日月本同天。

（二〇一五年十一月中旬）

冬閑

至陰一陽復，冬暄分外春。起伏多憂懼，一歲何苦辛。苦辛不足道，唯以識本真。平心決事務，勢理自條分。行沮反諸己，勿為無益嗔。天地有悲懷，曾不棄一人。

（二〇一五年十一月二十九日）

范師六十壽

吾師范洵先生，居哈爾濱，任教之餘，頗好撰著小說，雅愛岐黃養生之道，宅心仁厚，於後進多有獎掖資助。僕幸侍學數載，畢業有年，亦多所請益。是歲吾師退居林下，憶初叩黃鐘，說詩衡文，每不盡意。某日于教學樓中劇談至夜深，校工走廊呼之，猶不理會，及欲行，樓門鎖矣。一樓窗皆閉，乃欲于二樓越窗出，至窗外伏墻上，又懼其高而莫能下，因回窗內重央校工啓門而出。捧腹之狀如在目前，忽忽二十年矣。

松江終古去無聲，林下悠游信筆耕。縱使浮沉堪忍過，何妨自在漫騎行。博通術業勤開課，雅好岐黃善攝生。桃李春風識獎掖，冰心一片寄冰城。

（二〇一五年十二月十九日）

贈陶祖春

陶君祖春于梅花道場書法群，日爲同門評析習作甚勤，識見精絕，咸受其益。某日與余視頻，作書研討，謂余腕不動。爲之困惑數日，某日書《十七貼》中一「殊」字，忽然得手腕翻轉之便，喜不能禁，吾會之矣。由是尤感念祖春一語之喝，真吾師也。

知君信有廣長舌，石墜枯藤說不歇。日課精微三往復，吾儕執筆愓然覺。

（二〇一五年十二月二十一日）

贈內

蓬門煮菜一甌溫，風雪歸來滿室春。習誦兒童聲有韻，任憑幾案淨無塵。手縫布藝囊中巧，茶飲寒岩世外魂。灑掃還知天下事，老夫問計定紛紜。

（二〇一五年十二月某日）

附去年甲午西曆耶誕節戲為贈內一首，至上海十年矣。

為有琳璵顏色明，青春得意五羊城。憐伊山海顛簸苦，伴我江湖落拓行。千語千言千輾轉，一粥一飯一湯羹。麟兒夢裏偎懷抱，回首十年雨又晴。

詠錐五首

梅花道場監製錐系毛筆，先成四種，錐一曰蘭山之英，錐三曰龍爪，錐五曰垂冰，錐六曰鴻蒙。

筆成

爲問霜風試筆人，溫文何處墨留痕。磨錐四海同翹首，天地沙鷗飛一群。

蘭山之英

蘭山法脉紹蘭亭，塵點蟬絹托舜英。大器從來非易取，驪珠歷歷落天風。

鴻蒙

倉頡畫契辟鴻蒙，中有危微神鬼驚。淪隱誰發千載覆，陽舒陰慘窅忽明。

垂冰

垂冰之為筆，適書小楷，尤為抄經利器，故以抄經之舊典說之。昔年天臺智者大師，深慕《楞嚴經》之法義而不得睹，乃于天臺山頂設拜經台，日日禮拜求見此經，歷十八載而無果。然斯至誠，已感天地乎，以至有印度般剌密諦尊者出，發願傳此經至中土。當斯時也，此經之在印，國王甚寶重之，禁其流布出境。大悲菩薩，般剌密諦尊者，始攜經至境，見搜不得出，後以絕小字書于細帛，割肉藏之，俟創愈，復過境至華。登廣州，武周宰相房融貶于嶺南欽州，恰經其地，巧遇尊者，乃助譯之，此經始廣布吾華。嘆夫楞嚴密意玄深，房融文采淵淵，故華文《楞嚴經》，其義理辭章，兩臻精妙，傳布譯事，其緣殊盛。

供養當年割肉僧，清涼法乳作垂冰。試上天臺塵不染，好禮楞嚴十卷經。

龍爪

滿壁縱橫飛紫雲，真龍杳杳踏無尋。天留一爪作吾手，矯矯騰驤與右軍。

（二〇一六年一月十二日）

墨意

兩情紙筆無嫌猜，獨有愁癡意未開。霍落忽然穿桶底，春山在在是如來。

（二〇一六年一月某日）

八聲甘州　松江對雪遙寄諸道友

余歲末開會于松江佘山之側，近董其昌故里。是歲學書，始知讀思翁《畫禪室隨筆》。太白詩云：燕山雪花大如席，片片吹落軒轅台。軒轅台舊迹在河北刑台，余籍吉林，故有軒台更遠之語。

漸紛紜六省有寒潮，任微信頻傳。對淒風苦雨，崎嶇行路，冷淡江天。一夜收拾殘夢，渺邈望佘山。突兀迷離眼，玉攪如煙。

家在軒台更遠，此景如何語，萍迹江南。歎駒忽中歲，又畢竟奇緣。畫禪時筆痕應在，付與誰、問四百年前。呼朋侶，倚梅花下，草聖詩仙。

（二〇一六年一月二十三日）

青玉案

初構書稿，因有此作。

青衫麻履江湖上，日惟與、孤雲傍。過盡千帆天地廣，平常霜雪，等閑波浪，一笑聽漁唱。

年來只愛靈山訪，偶入桃溪問清賞。誰見其中聲色壯，故人不改，依稀模樣，風雨無相忘。

（二〇一六年一月二十九日）

運腕

作書得運腕之暢，快何如之。

萬苦千辛迷悶中，靈光一竅豁然通。理行二入孰先後，掌底樞圜畢事功。

（二〇一六年二月三日）

參禪偈三首

其一

壬辰（二〇一二）春，某日余喂小兒飯畢，閉目盤坐，默誦心經，時聞兒語，忽得滋味。是歲夏，至廣東韶關東華寺，禮上萬下行大和尚，余道此中滋味，師是之，復有云：不在裏面，不在外面，你放鬆它就來。余唯唯。又某居士問師打坐如何放鬆，師云：非經上萬小時，打坐不能自然放鬆。余時在座，聞言似爲余說。戊戌新春理董舊什，味此數語，忽忽七載矣，余懺怠無稍進，愧恨何如也。

觀花即是種花人，偶然一面倍覺親，歸來輾轉思無計，如何伴伊久相親。

其二

癸巳（二〇一三）夏，某日於上海交大操場跑步，觀想作意，忽得滋味。

多情却似總無情，心上人來鳥不驚，問我如何回家去，紅燈停下綠便行。

其三

乙未（二〇一五）夏，其時俗務焦迫，其至迫之日余照舊晨坐，忽得滋味。

風煙往來，山河無垢，懸崖撒手，乾坤依舊。

立春

天馭四時往又還，宜從此日換流年。東風抖擻舒奇氣，欲看繁華春萬千。

（二〇一六年二月四日）

初五

靜可修身動亦然，迎神子夜爆竹喧。一池好墨真腴潤，紙順鋒調不忍眠。

（二〇一六年二月十二日）

崇明島

崇明島有「長江門戶、東海瀛洲」之美譽。唐武德年間長江口在今揚州、鎮江周近，始有兩洲曰東西二沙，神龍元年建鎮于西沙，始名「崇明」。至宋時，東西二沙相連屬。而受江水之力，崇明島不斷下漲上坍，順江下移，漸至今日，則有上海長江隧橋結合工程，自浦東至長興島，爲江底隧道，穿長興島至崇明島爲跨江大橋。丙申新春假日，余携小兒驅車崇明，至東平森林公園一游，走此隧橋，真有經天貫地之暢，歸而賦此。又北宋李公麟繪有《太一真人圖》，人臥蓮葉中，執書仰讀，韓駒題詩云「太一真人蓮葉舟」。

九禹精華憑我收，銜珠入海吐瀛洲。西北攜來瑤池水，東南好放太一舟。變幻古今新日月，浮沉唐宋競驊騮。浩然難掩得時氣，貫地經天任意流。

（二〇一六年二月十八日）

觀典師論揚州黃君書

一鶴沖天驚廣陵，隨心自在賦流形。我師妙諦說無相，執筆同參獅吼聽。

（二〇一六年三月三日）

食局

煌上煌與皇上皇，一在江西，一在廣東，皆臘味名牌。前湖又稱燕雀湖，位于南京。錦裡為蜀中名勝。青團為浙江清明小食，以糯米粉為主料，甜糯綿軟。蟹黃湯包為江蘇名點，其著者有南京龍袍蟹黃湯包等。食局者，時局也，予何言哉。

小鮮臘味任烹嘗，深隱庖廚煌上煌。昨日青團多粉糯，前湖錦裡倍淒涼。難行酒令喧賓主，漫擰湯包求蟹黃。待卷珠簾誰會意，重霾依舊鎖蒼茫。

（二〇一六年三月四日）

曉賓寄墨來並饋筆擱墨承書一冊

馥鬱香傳有掠鴻，重疊紫玉弄玲瓏。爲說清景酬佳饋，門外春溫滿樹紅。

（二〇一六年三月二十二日）

筆法

博凱法師云用筆需有目的，江君琪講調筆得鋒，然後須知用鋒，又講依勢，再則講用筆用勢都須為我所用，須有心作主。余深是之，畢竟吾人執筆是爲寫字，非爲逞能，如英雄禦于明主而成功業，因爲數句說之。首句謂調鋒得筆，次謂用鋒行筆，三句謂順勢開闔，陰陽消長，一字一篇，其理攸同，四句謂諸妙皆須爲我所用，克成功業，書得其意。

十年磨劍劍如霜，為建奇功用我長。攻守英雄天下勢，劇辛樂毅效燕王。

（二〇一六年四月一日）

偶得

是日作書頗暢，筆墨紙硯無不適意，乃啖泡飯兩碗，泡菜半碟，朵頤間成此四句。

底事山人默似狂，閉門寧肯負春光。風流吾有四君子，相與捫虱說晉唐。

（二〇一六年四月三日）

永遇樂　白鹿原

陳忠實辭世次日。

秀郁藍田，優游白鹿，丘夢其久。憶取漢王，屯兵舊處，楚恨能銷否。秦屏渭護，帝州在撫，禹脈倚天獨厚。最風流，無心灑落，罔川看雲曾有。

方今只剩，趙家角馬，竟日囂囂鼓缶。四呂難尋，關河不語，寂寞魚龍走。歸期未卜，浮槎海客，九鼎彭城沒後。越千載，淒涼又是，灞陵咏柳。

（二〇一六年四月三十日）

水龍吟　感事

任憑海雨天風，雲帆一片東南去。那堪轉首，九州霹靂，百年丕緒。君子謙謙，珠厓懷璧，漂泊懸圃。念江山別後，倉皇北顧，烟塵裏，驚撾鼓。

剩有四時風景，漫消得、低眉愁苦。陽明山下，故國詩禮，溫柔兒女。中壢橋頭，桃園美島，不絕如縷。此人間勝概，矜持舊友，幾時相與。

（二〇一六年五月二十日）

書法群見書友互道情誼為作

促膝今日快平生，老去江湖忘姓名。珍重他年舊紙筆，相約勁健縱還橫。

（二〇一六年五月某日）

攜兒步雨

其一

稚子歡歌踏水行，青春路畔看花明。黃鸝央我賦新雨，飛上垂楊三兩聲。

其二

微雨時節夏半成，無心花草步閒庭。連綿碧葉承珠淨，昨夜天星錯落停。

（二〇一六年五月二十八日）

江畔放生

浦江源不遠，近午夏融融。傍水開平野，尋芳洗碧空。上德惜物命，大化托欣榮。呷浪放歸處，逍遙明日龍。

（二〇一六年六月五日）

得典水先生雲臥三十年法書

年來吾愛臥雲居，懶看三山五嶽奇。應有紫霞來寄壁，沉吟風日慢拈須。

（二〇一六年六月十日）

答深圳朱星星先生賜法書

余早歲嘗寄跡嶺南，朱君寄墨來并爲書王維《飯覆釜山僧》詩。

其一

炎方當日憶淹留，一雁來時雨未收。南北十年常作客，個中滋味語還休。

其二

欲問如何知我痴，翛然爲寫飯僧詩。宜憑楮墨摩詰句，想見滿天花雨時。

（二〇一六年六月十二日）

與友人說詩

匡鼎吾聞能解頤，欲說此道愧支離。風人非是性乖僻，崖樹雲山太可惜。

（二〇一六年六月二十三日）

消夏四首

山荊攜兒歸省，向晚余不耐暑熱，至小肆小酌，在門外一桌，傍店員洗杯盤處，閑接數語。店外種有葫蘆，藤蔓已長，并已結實。唐馮贄《雲仙雜記》卷四「弄蘆成詩」云：「王筠好弄葫蘆，每吟詩，則注于葫，傾已復注，若擲之于地，則詩成矣。」

其一

不堪暑氣覓清涼，野肆文君洗碗忙。誰種葫蘆待我弄，詩成為寫月微茫。

其二

人生路畔吾獨坐，且看穿梭來去忙。暑氣漸消涼似水，葫蘆藤外夜茫茫。

其三

前定因緣何必忙，一啄一飲一杯長。此生此夜此明月，一點靈光接混茫。

其四

原來四海盡家邦，隨遇安心笑勿忙。一盞清涼滋味永，明朝天地看蒼茫。

（二〇一六年七月十七日）

英國公投脫歐

英國古典自由主義傳統推崇小政府，個體權利至上，與歐盟之大一統烏托邦迷夢背道而馳。八百年前之《大憲章》已肇其端，光榮革命紹緒其後，思想家洛克揭櫫天賦人權，生命、自由、私有財產三權利皆不可侵犯，爲美利堅《獨立宣言》與《美國憲法》之濫觴。撒切爾夫人嘗言：成立歐盟蓋為人類史上至謬之事。

烏托一夢是歐盟，誤世集群有左傾。領袖萬國說恐嚇，布衣三島去從容。弱群強己憑心意，劃界分疆各競爭。八百年前成大憲，追思洛克數光榮。

（二〇一六年七月某日）

攜兒步月

其一

兒路遇其幼稚園小友。

童蒙爛漫廣朋儔，邂逅接談樂契投。各指高樓家所在，話別路上弄石頭。

其二

小兒滑板車，車輪旋動時發彩光。

微星仰見意何長，此日秋來風乍涼。匝地忽然旋五彩，白駒滑板笑聲揚。

其三

此中元次夜，過高樓，滿月盈懷。

不減清光亦不添，滄桑何必恨流年。心頭但見一輪月，萬里家園在眼前。

（二〇一六年八月某日）

移居馬橋

馬橋鎮在上海西南郊，爲滬初興之地，以昔有四橋，列如馬形乃名之。僕購新居於此。

曾有四橋據要津，風和五氣水停勻。我來長養神龍種，大道如天馬踏雲。

（二〇一六年八月二十九日）

初秋早起

出門東向去，曜曜捧金輪。吐納清秋爽，披離花木鄰。從容循闊路，迤邐壯精神。江上白鷗早，高飛卓不群。

（二〇一六年九月二日）

登縹緲峰

飛上太湖第一峰，西山爽氣運丹成。吳中形勝名千古，天外波平碧萬頃。步步登雲擷玉露，滴滴洗髓醒黃庭。乾坤待有罡風勁，禹域開合看不停。

（二〇一六年十月二日）

遊德清二首

其一

德清近杭州而屬湖州，愛其名。管道升故里在今德清干山鎮茅山村，其為畫有所謂「晴竹新篁」之創。沈約《宋書》序云：「七世祖延，始居縣東鄉之博陸里余烏村」，即今德清武康鎮，其人首正詩律，所謂「四聲八病」之說垂範後世。

此去江湖惜令名，暮秋烟雨至德清。茅山依舊新篁好，風入余烏吟正聲。

其二

莫干山爲莫邪干將煉劍所在，車行山路，盤曲如龍。劍池則從山頂下至深谷中方見，飛瀑如雷，其側石壁鐫有「咳珠唾玉」、「劍氣沖天」等語。

繞樹穿崖飛玉龍，倏忽身在靄雲中。千階復下尋白練，唾玉咳珠氣入虹。

（二〇一六年十月某日）

蘭陵王　川普當選

紐約客，倚馬風流巷陌。忽長嘯，雷怒平陽，顛倒乾坤太煎迫。登臨望漠漠，上國驃突鼠貊。憑誰語，垂範瀛寰，二百年來豈成昨。

能不古稀搏。看我首飛蓬，天地翻却。拉枯摧朽真如謔。恨袞袞卿士，幾人忠諤，偏執公器鑄夢錯。野人自丘壑。

寥廓，看磅礴。問浩蕩安能，美利堅若，偉哉又見奇麟獲。念五月花好，費城精魄。前賢何事，定憲制，萬世鐸。

（二〇一六年十一月九日）

旅法雜詩十一首

凱旋門

環凱旋門十二條路呈放射狀，網穿巴黎，其一即香榭麗舍大街。

千古繁華收眼底，風流不盡看巴黎。層層麗舍連香榭，依次路分十二奇。

埃菲爾鐵塔

高廬豈可久平沉，拔地沖天天欲分。莫問玄黃身色异，登臨望遠欲天捫。

協和廣場

協和廣場位于巴黎市中心，占地八萬余平米。初名「路易十五廣場」，以示皇權無上，大革命之際名為「革命廣場」，斷頭臺即置於此。後更名為協和廣場。

心在巴黎八萬米，從來驚動法蘭西。協和當日正名後，為祈兵戈萬世息。

楓丹白露

其一

楓丹白露在巴黎之南，火車三站而至，甫下車，空氣清冽，滌肺甚暢。

南下巴黎古跡尋，行車三站飲清芬。浮生半日閑西海，一樣秋心不染塵。

其二

楓丹白露宮，多拿破崙舊跡。

一世爭說拿破侖，英雄空自映千春。而今待我獨來往，唯有楓丹白露痕。

其三

楓丹白露宮中國館，所藏皆圓明園舊物。

戰火未必劫火頻，琳琅全璧數奇珍。前朝後代事流水，天外幽人寂寞深。

巴黎聖母院

巴黎聖母院位于巴黎中心之西堤島上，整點則鐘鳴，其哥特式穹頂仰之彌高。

穹頂無極栖聖靈，凡胎到此欲飛升。昭彰善惡天鐘響，請向西堤島上聽。

盧浮宮

我來慚愧殄天珍，走馬星河瞥一鱗。未把五車書看過，如何論世復知人。

維納斯女神像

其一

平居自有安閒法，柴米油鹽醬醋茶。不料萍風驚夢起，今生偏又遇著她。

其二

臨行惆悵繞三匝，欲語還休暗恨加。此去人間尋玉臂，凝香觸處盡賁華。

薩莫色雷斯之勝利女神

少時讀傅雷所譯丹納《藝術哲學》，未悉究竟，惟歐西古之勝概，略存心中。今日盧浮宮一游，見古希臘之大理石雕夥然歷歷，恍驚前夢，徘徊賞愛，不能自已。尤其此像，神為之奪，徘徊太息久之。

始信堅頑托性靈，凝脂遜雪玉盈盈。柔裳百轉旋英秀，振翼無邊向太清。

（二〇一六年十一月中旬）

送友人

君方論劍太湖烟，我自歐夷萬里還。明日東西隔蜀道，今朝一醉浦江邊。

（二〇一六年十一月二十一日）

自譴

我有詩囊天地間，擷來信手似雲閑。江山常往都無意，一任心泉涌大千。

（二〇一六年十一月二十四日）

寄恒生師

張師德道，字恒生，居南岳，世之异人也。邃通玄學，其于四柱演命舊法，發見十二命宮之妙奧，信乎超邁古今，獨步時人。先生熱內憂世，常在網路語警世人。余亦夙慕斯學，與師往還，獲益實多，惜乎塵勞擾擾，未得深窺其學。

軫翼擎天柱，思欲叩黃鐘。磨鏡推玄理，還丹演命宮。德允愁世溺，道遠濟途窮。何日隨朱鳳，沅湘朝五峰。

（二〇一七年一月二十七日）

滿庭芳 又至中山

余畢業時，于庠序簽職南粵中山，甫至即赴穗之滬，萍迹東南矣。某歲曾遷戶籍，行色匆匆，未稍勾留。丁酉春爲調檔案重至斯地，事畢得暇，午後游紫馬嶺公園，夜宿岐江之畔，撫今追昔，感慨系之。紫馬嶺為昔時賽馬之處，有名駒魂棲於此，公園前今有紫馬飛騰之塑。小城潔淨無塵，安適可人。

電謝長空，波流滄海，了却年少躑躅。轉蓬南北，風雨任榮枯。無奈消磨歲月，哦些子、者也之乎。十六載，岐江為我，燈影略分殊。

當初，渾噩噩，烟霞吐納，衫履模糊。笑顛倒平生，自誤迷途。屈指不成一事，心猶剩、幾許丹朱。重來此，躦捉紫馬，天地卷還舒。

（二〇一七年三月三日）

滿庭芳 登白雲山

余寄跡羊城，歷三歲餘，未曾一至雲山，別後常為恨事。今自中山返，匆匆過廣州，稍留半日，只爲一問幽深。白雲山最高處為摩星嶺，有「蕩胸亭」，有鐫「決眥」之祈福亭，蓋皆用老杜《望嶽》之意也。佇立山巔，放眼全城，城中越秀山上，有五羊雕塑，演傳說之事，五仙人騎羊下界，付民以穗，故廣州亦以穗名。越秀山巔有鎮海樓五層，山前即為南越王博物館。蓋廣州之為城，本百越之地，古有文身斷發鑿齒之俗，自秦平定，置南海郡，而後朝代相因。今之北京路出土各代層叠舊道，歷後漢、唐、宋、明、清，歷歷可以觀覽。滿清末造革命初興，黃花崗七十二烈士昭懸日月，林覺民《與妻書》，入吾中學時教材。諺云食在廣州，膾炙者夥矣，語不能盡。

明月生涯，風嵐襟抱，飄灑雲上摩星。蕩胸決眥，高處少人行。不信瘴鄉自古，極目是、錦繡花城。昨日訪，五羊鎮海，龍虎越王陵。

堪驚，思往事，文身斷發，肇郡秦兵。漸叠石累道，歷漢而清。奮起七十二士，決絕書在，浩烈誰曾。吾有幸，游斯數載，腸粉愛晶瑩。

（二〇一七年三月四日）

廣州蘭圃

越秀公園稍西，有小苑曰蘭圃，昔與山荊初相識，嘗游于斯。今日重訪，東風路高架環如飛龍，其上車流馳掣，湧聲如潮。而小園之內，別為闃寂，余尋舊處，稍爲勾留乃去。

逐龍萬馬踏潮來，小苑蘭花淡淡開。尋覓當時同坐處，滄桑記與作茗猜。

（二〇一七年三月四日）

報孫哲峰先生賜法書

慈溪孫君哲峰擅書，獨得趙董之髓，所在横河鎮之近有名勝杜湖，杜湖之近又爲唐書家虞世南故里。

誰遣春風過杜湖，虞家一葉至庭除。宛然筋脈林泉意，松雪香光看不足。

（二〇一七年三月十三日）

杭州灣跨海大橋

携妻兒至普陀山禮佛，過杭州灣大橋而贊嘆之。

禦風來跨海，鶴步踏長虹。一綫泯天地，六合即色空。崦嵫迷日月，章尾蠢鼇龍。入望識吳越，瞿然出定中。

（二〇一七年五月初某日）

巴黎莎士比亞書店

莎士比亞書店在塞納河邊，巴黎聖母院之近，云昔多有文豪勾留。是歲復至巴黎，慕名訪之，有留言壁板，余亦書此為戲。書卷多情似故人，用山谷句。

書卷多情似故人，當時豪俊憶溫文。我來萬里無餘事，塞納河邊留墨痕。

（二〇一七年六月十五日）

巴黎聖心堂

聖心堂位于蒙馬特爾高地，爲巴黎之至高處。可拾級數百重而登其上，一覽巴黎市貌。僕此次至巴黎亦曾于蓬皮杜得詩以賦現代藝術，惜乎未錄紙筆，久而忘却矣。

何因蒙馬聳高尊，爲教群氓仰聖倫。雲影天光通上界，回頭一念判凡神。

（二〇一七年六月十七日）

香港回歸二十周年

以夷變夏事尤難，嶺外珍惜珠一丸。何必人天擎傘哭，歡欣秦政二十年。

（二〇一七年七月一日）

聽人說蘭

幽蘭在深谷，可遇不可求。譬如真君子，滄海迴俗流。鬧市詢天價，云是來野丘。悄然依室隅，惆悵休未休。夜半無人後，忽然香入嗅。待欲辨何枝，茫然無所有。

（二〇一七年七月一日）

悼人

天摧地陷隕長庚，來日東方待啟明。耿耿星河無限恨，哀哀夙夜有餘生。神靈若把神州棄，赤子來扶赤縣傾。此去昆侖精魄在，飓風一怒起青萍。

（二〇一七年七月十四日）

黛螺頂五方文殊殿

劫歷塵沙不可說，文殊待我五方多。此來看劍聽獅子，一日清涼登大螺。

（二〇一七年八月五日）

恒兒入學

來把初曦看幾回，白駒皎皎試新飛。清聲欲與秋天爽，繞樹連廊對紫薇。

（二〇一七年九月一日）

秋日食蕎麥籠餅

唐人稱包子爲籠餅，是日家制，僕啖三。松烟墨每有砂，書者往往苦之，而閑日研之，遇砂緩剔，亦浮生一味也。

蕎麥新蒸能飯仨，秋來海上換生涯。山人自愛烟松老，閑坐蓬窗剔墨砂。

（二〇一七年九月某日）

關島佛光山

如何碧海一珠懸，樹幢安僧作法船。人到殊方無二致，梵香徑覓禮佛前。

（二〇一七年十月四日）

望海潮　關島中秋

關島位於太平洋中，二戰時為美日所必爭，至今猶為美軍重兵駐守。島上景致有杜夢灣、情人崖等，最高處爲閃電山，據云其上可以望見馬里亞納海溝之暗影。島上并有佛光山寺，余甫至即循香禮拜。

作此詞之際，至「兩鬢霜侵」一語，即悟其音諧于「兩殯雙親」，頗不吉也。雖中心惴惴，而自欺無意。次年母親辭世，又次年二哥辭世，再兩年父親辭世。數年間天地翻覆，而當時雖有所感，卻不願深信，而竟吟誦悠閑如是，亦未回鄉探親。于今追懷，嘆何如也。（二〇二五

年追記）

羲和爭轡，圓舒奔屬，往來海底天心。秋邈故國，風和异域，朗朗素月盈襟。搏浪嘯飛禽。有鏖兵舊處，虎斾蕭森，萬里重洋，梟雄斂手慎蟬暗。

奈何兩鬢霜侵。恨流年偷換，鴻迹難尋。崖岸寄情，環灣杜夢，薄衫誰自沉吟。雲破弄花陰。閃電孤峰起，明日登臨，望見佛光住世，洪塹莫如深。

（二〇一七年十月五日）

菜根譚

海上秋來孤月輪，經年羈旅未拂塵。神州懶看風雲氣，一臥滄江嚼菜根。

（二〇一七年十月十八日）

孤蓬搖月

孤蓬搖月爲梅花道場制筆之「逸虬」二代。「孤蓬自振，驚沙坐飛」，語出鮑照《蕪城賦》，張旭長史用說筆法，以授顏魯公。此筆皆爲紅杆，而徑用「青竹」一語，以慧海禪師有云：青青翠竹盡是法身，鬱鬱黃花無非般若，以應疑情之喻，「起疑情」者，釋門參禪之手段也。又典水先生言及「逸虬」制筆之意趣，不多假矯飾，有「一杆青竹，滿身風骨」之語。

隱幾蕪城聽大風，每從長史起疑情。三更事了升明月，一杆青竹紙上行。

（二〇一七年十月二十七日）

攜子登吳中穹窿山

穹窿山位于吳中，其箬帽峰爲太湖東群山之冠。昔孫武隱此著兵法十三篇。清初鐵竹道人施亮生復興上真觀，今入山門即有鐵竹亭一座，上真觀內有望湖亭，可俯瞰震澤。古刹寧邦寺海雲禪洞內，臥佛巨像殊勝莊嚴。復有朱買臣讀書台，韓世忠玩月處等，耽游至暮。

遙聞有鐵竹，箬帽冠三吳。詭道奇兵隱，臥佛法相殊。雲根秋水老，徑葉渥丹如。奮步呼兒進，山巔望太湖。

（二〇一七年十一月六日）

留别太湖東山

拾得半日塵囂外，暫許湖山清夢長。昨夜絲桐原未了，依依津渡沐芬芳。

（二〇一七年十二月二十七日）

悼慈母

慈母沈孺人以丁酉舊歷十月十五日丑時遽然弃養，不孝男倉皇于滬上吉林間，一閱月來中心摧剝，無以爲辭。返滬後以公務會議，曾至太湖東山，雖山水之間勉為吟詠，而竟大病以歸。歲末稍克安復，追惟哀喪，聊述辭句，不惟難問工拙，亦且不能卒之。

左手斷珠串，右目充血斑，連日有警示，逆子無心肝。中夜三來電，誰信陷我天，驚起奔浦東，飛機第一班。至午才瀋陽，摧剝心欲狂。賃車三百里，狼狽路途長。途中電吾姊，咱媽醒來未，途中問吾兄，老父泰安爲。迤邐至柳河，輾轉過山阿。荒村一抛擲，天地可奈何。嗩吶霜空碎，靈幡垂恨多。一跪一聲咽，一咽一口血，慈色何安詳，不信兩决絕。憶此淚如泉，投筆不能寫。

（二〇一七年十二月）

冬夜聽雨研墨

獨立荒江野老屋，霜風散盡萬斛珠。每從大塊同噓噫，推按還來復我初。

（二〇一八年一月七日）

錦纏道　丁酉歲末觀雪，戲擬花間意

時慈母棄養未久，而竟作此艷謔之詞，每思及之，愧怍難安。生死之無常，人心之惟危，可見一斑，因留此證，以為罪鑒。（二〇二五年補記）

暗抹香腮，碧樹夜來羞卻。勸飛廉、莫行商略，粉煙還怕驚吹落。為待明春，好赴檀郎諾。

恨招搖那邊，逾墻呆雀。忍拋得、零丁嬌弱。便若何、捱過相思苦，不如當日，休鑄風流錯。

（二〇一八年一月二十六日）

贈內

是日內子生日，相識十六年矣。

蘭圃攜手憶初識，嶺外江南任所之。十六年中春處處，又憑杯酒祝芳姿。

（二〇一八年二月一日）

新春訪梅

時值新春，携妻兒，侍岳母，至浦東一公園賞梅。林和靖梅妻鶴子終老孤山，咏梅句有：「疏影横斜水清淺，暗香浮動月黄昏。」後元人破其冢，僅得白玉簪一支，王冕咏其事云：「生前不系黄金帶，身後空余白玉簪。」王冕隱居九里山，種梅千株，咏梅句有「我家洗硯池邊樹，朵朵花開淡墨痕。」謝枋得有「幾生修得到梅花」句，黄山谷有「花氣熏人欲破禪」句。

無爲處士不關春，一任春來步後塵。淺綻櫻顆噙雪笑，微欹鐵骨對風吟。誰識九里墨池樹，本是孤山白玉魂。修到今生香暗動，群芳熏氣俱天真。

（二〇一八年二月十七日）

春夜觀書

上海松江友人之父，東北同鄉，雅愛書法。

卅載操觚歷雪霜，北陲擷夢到松江，人書俱老天難老，春雨無聲潤物長。

（二〇一八年二月二十八日）

沙頭雨　得止聞齋仿董其昌山水

止聞齋系典水先生好友。

天際空濛，崖岸自古高絕處。淡烟疏樹，點染都不著。

踏水痕消，鴻爪空行去。清沙渚，但爲君故，竟日沉吟苦。

（二〇一八年三月三日）

憶江南　多倫多

加東好，最好在多倫。碧落深深多嫵媚，翩然三島蕩湖心。今日正陽春。

陽春雪，何故落無痕。辛苦年年情未已，冰魂點化百花魂。來日粲芳鄰。

安達略，初試五湖尊。一挹清澄天下爽，繁華地繞馬蹄金。馳掣覽無垠。

加拉瀑，霄壤勢如吞。試上彩虹橋上看，西極萬馬踏雷奔。鳶嘯掠潭深。

（二〇一八年三月十九日）

春分日送管城子逸虬先生之新吳訪抄經人

震澤波送客，飄灑至新吳。譬如雙龍過，銜來夜明珠。枕流食松屑，容膝愛茅廬。靜坐思玄理，焚香寫道書。恰值春分日，枝頭鳥鳴初。

（二〇一八三月二十一日）

溪口蔣氏故里

袁士凱籍項城，其復辟時，章太炎以其所頒之勛章爲扇墜，登堂詈之。

楚漢相爭走彈丸，美蘇去取定坤乾。山河寸寸色如血，海浪滔滔望欲穿。代有項城誇俊邁，時無葵扇墜瘋癲。閑人只共溪山老，莫看神州一泫然。

（二〇一八年四月六日）

雪竇山

有大巴載客至山頂，令人思及大乘即大車之意。是山景致頗佳，千丈岩飛瀑尤爲絕賞。雪竇寺有彌勒大佛，僕携兒禮拜之。雪竇山所在即當初彌勒化身布袋和尚教化之地。經載彌勒菩薩于未來世下生人間，有龍華三會度脫無量衆生。

雪竇山栖彌勒尊，天傾法雨落千尋。今朝大乘同來客，三會龍華有遠因。

（二〇一八年四月七日）

大隱雲溪寺

網搜登山探幽處，見「大隱雲溪寺」，真是現成詩句，乃訪之。大隱鎮位于余姚東，商山四皓之一夏黃公曾隱居于此，故名大隱。雲溪寺對面山中有雲溪古道。

大隱雲溪寺，蕭然古道邊。清明積夜雨，晴翠籠春烟。寂寂荒村犬，悠悠抱臥眠。林深禽不噪，梵唄汩如泉。

（二〇一八年四月七日）

妙高臺

蔣介石在雪竇山妙高臺建有別墅，敗退臺灣之前，多在此指揮軍政。

別業籌謀何處是，龍鱗老樹繞高臺。低垂玉瀑空嘶響，指點游人任去來。碧血山河八載盡，新朝文武五星開。徘徊欲問窗垣舊，曾記倉皇辭廟哀。

（二〇一八年四月十日）

徐健順先生講吟誦

徐健順先生多年復興推廣傳統吟誦，成績至著。講課有云厓山一役而南宋亡，王應麟僻居竹溪，有蒙學讀本《三字經》傳世。僕聞之慨然哽咽，吾華之劫，在元一朝固酷甚，而今之世有過于元者。

說到厓山幾涕零，弦歌久矣輟滄溟。陳編寂寂空傳恨，信口嘵嘵不入聽。三字竹溪天地在，一丘泗水柏松青。金聲玉振吟君子，海內徐行有渭涇。

（二〇一八年四月二十二日）

廣州天河

沙河誰挽似天河，遍灑人間利是多。百粵堆金林廣厦，洪荒埋玉嶺飛鵝。采青獅子叠高步，招景龍船趁涌波。此地繁華說不盡，還聽木塱客家歌。

（二〇一八年五月一日）

滿庭芳 個園

揚州個園，清兩淮鹽業商總黃至筠拓明「壽芝園」而成。鼎盛時，黃宅有福、祿、壽、財、喜五座大門。黃至筠重教育，世云「黃氏有佳兒」，其次子黃奭與名家馬國翰并稱爲「輯佚兩大家」，大儒阮元稱黃奭爲「勤博」。園景以竹命意，有透風漏月廳、四季假山、抱山樓、宜雨軒、覓句廊、清漪亭等。

天有成竹，用醫俗世，自來不負廣陵。五門開日，豪賈亦幽情。推許佳兒何在，勤博子，理董群經。空留下，乾嘉舊迹，興廢世堪驚。

園亭。游樂處，透風漏月，四季晶明。羨淩空一抱，宜雨軒庭。踽踽回廊覓句，閑身老，斷夢零丁。清漪外，湖山掩映，個個勁節青。

（二〇一八年五月一日）

南匯新城

靈秀東南匯，滄溟萬里風。神鯨司海域，仙鶴唳泥城。滴水圓湖湛，洋山巨艦輕。蘆花天地闊，日夜碧潮生。

（二〇一八年五月二日）

上海玉佛寺荷花

此花入定莫如深，不顧風吹水上鱗。時有荷珠翻欲落，驚回石火夢中身。

（二〇一八年七月二十九日）

明靈道人將赴雲南支教

灑然天上客，來去不羈塵。秋水千峰月，春衫一片雲。還丹朝北頂，歸化夢南雯。多少婆心苦，風俗欲使淳。

（二〇一八年八月四日）

清水寺

清水寺在京都音羽山，其本堂之清水舞臺系以百柱躍崖而擎，險峻處稱絕古今，臨其上，故都風物都來眼底。某嘗一游，匆促間興未能盡，尤恨當時吟咏，不免傖陋支離。此夏重禮十一面觀音，登高撫翠，理董前韵，庶幾乎一慰夙懷。憶昔與謝蕪村于松尾芭蕉之後重振俳諧，咏京都句云：「子規聲斜，輕掠平安城」，乃化而用之。又此地有瀑名「音羽之瀧」，「松風兮音羽之瀧，清水濯兮鬱結之心或可息」云云，其流三分，各有所佑，爭相濯飲之。又有仁王門、三重塔者，皆馳名巨構。時值其寺「千日詣」，所謂即日禮拜，有千日之功德也。

羽化淩雲顧舊京，聲斜曾掠子規輕。三分瀧映三重塔，一詣來輸千日誠。

（二〇一八年八月十三日）

張遠山先生《玉器之道》出版

野老荒江雕逸龍，含丹乍吐振賁鏞。琳琅邃古窺天器，恣肆汪洋絕世宗。發覆羲皇燭奥衍，昌光橐籥鼓虛沖。行人只道蓬山遠，更遠蓬山一萬重。

（二〇一八年九月十五日）

少年游　金庸辭世，步其原韵悼之

茫茫何處任獨行，無相頂光明。天縱奇才，俠之大者，滄海快平生。

江湖兒女江湖老，揾泪訴衷情。掃地僧眠，降龍事了，孤月大江横。

附金庸《少年游》原作

青衫磊落險峰行，玉壁月華明。馬疾香幽，崖高人遠，微步縠紋生。

誰家子弟誰家院，無悔計多情。虎嘯龍吟，换巢鸞鳳，劍氣碧烟横。

（二〇一八年十一月一日）

祝英台近 初雪

霰飛飛，留不住，何處堪回顧。凄愴江潭，零落又無數。曉來殘夢依稀，經年心事，却還是、其情如故。

倩誰與，一笑指月拈花，蘭因未曾悟。待倚晴窗，快雪霽津渡。憑它吹萬光風，清涼天地，到得個、全無言處。

（二〇一八年十二月八日）

元旦贈道宗法師

丁酉之夏朝禮五台，與道宗法師同車鄰座，法師披剃于南京清凉古寺,五臺山又名清凉山,故雲來去兩清凉。文殊菩薩又名妙吉祥菩薩。

有來有去兩清凉，無去無來一大椿。一別經年雲水外，天涯長共妙吉祥。

（二〇一九年一月一日）

東北酸菜

《詩經》：中田有廬，疆埸有瓜，是剝是菹，獻之皇祖。菹就是淹酸菜。吉林市龍潭山下穢城遺址是東北古穢貊族活動中心，借指吾鄉東北。晚菘即秋末冬初的大白菜，正是腌制東北酸菜的原料。

龍潭山下穢城東，飽歷風霜愛晚菘。濁世沉淹青白在，辛酸泪付笑談中。

（二〇一九年一月二十六日）

侍老父散步

樹有餘蔭鶴有神，堅牢安穩古稀身。清風瀲灩晴光好，行見南山春又春。

（二〇一九年二月六日）

菩薩蠻　崇明觀雪

崇明島又稱瀛洲，昨日扶老携幼往之觀雪。丙申新春僕亦嘗携小兒往游，故發人生幾度之慨。米芾人稱「米癲」，「米家山水」曠代一人，作書自謂「刷字」，東坡贊爲「超逸入神」。僕何嘗知其家法，不過見一池荷梗甚饒意趣愛不能去耳。

人生幾度瀛洲雪，梅花又見開寒徹。瓊玉謝東風，暗香無意中。

米癲刷墨影，横縱芰荷梗。家法一池憑，參詳久倚亭。

（二〇一九年二月九日）

畫堂春

值吳江太湖之濱，會聚三日，議論之暇，觸目湖山，稍適吾志。因倚聲以寄興云。張翰字季鷹，昔在洛，見秋風起，因思吳中菇菜、蒓羹、鱸魚膾，曰：人生貴得適意爾，何能羈宦數千里以要名爵？遂命駕歸。蘇軾《青玉案·送伯固歸吳中》有句：四橋盡是，老子經行處。吳中產碧螺春。陶淵明《停雲》詩云：安得促席，說彼平生。

吳江似有故人盟，夜闌春雨春燈。季鷹來去忘營營，但飲蒓羹。

歸棹五湖烟水，四橋明月經行。促膝誰與碧螺清，說彼平生。

（二〇一九年二月二十七日）

明靈先生于雲南支教地啓動「美麗吟誦」

天自我民聽，歌吟動性情。崖山忽墮海，禹域久吞聲。竟散千雲綺，鼓吹萬籟鳴。南溟今試看，流宕感飛鵬。

（二〇一九年三月二日）

董其昌書畫展

戲鴻堂廡杳塵烟，紙上華亭四百年。昨夜臨池春試筆，爲參今日墨中禪。

（二〇一九年三月九日）

聽馮滿天彈阮

春來風滿天，萬籟鼓繁弦。一洗空山寂，竹林嘯阮咸。

（二〇一九年三月二十三日）

讀詩下酒

四座喧嘩，恍如一夢。雙照樓海藏樓，世人皆欲殺者，其詩得意處，不讓唐人。

別有春愁一愴神，喧嘩四座自獨斟，嬌兒來電催家去，不解痴翁耽醉吟。

（二〇一九年四月十九日）

永遇樂　遙聞李劼張遠山兩先生紐約之會

肇啓商周，輪回儒法，千年浩嘆。敗寇成王，推枰轉鼎，古道埋烽燹。函關紫氣，連山枯草，黯黯星微雲遠。看蕭條、豪杰异代，空把欄杆拍遍。

紅樓夢解，漆園鵬徙，海運重開天眼。萬里浮槎，荒江沉寂，一霎雙龍現。聽斤斫郢，濠梁魚樂，流水高山汗漫。信如今、西極會後，東風豹變。

（二〇一九年四月二十九日）

破陣子

著書初稿寫竟。

塵世幾番離索，疏窗滿紙紛紜。憂患經年心未改，獨上高樓獨愴神。書成不忍焚。

放眼群迷都是，回頭一念方真。說盡倉皇顛倒意，何處慈航度隱淪。空山憶故人。

（二〇一九年五月）

一叢花

坑灰不冷祝皇天，花放又成燃。千秋萬歲功名在，氣昂昂，頭戴纓簪。六月無雪，祥霾降瑞，四季總春妍。

蒸民偏有墮瘋癲，道路目凄然。夢中慈母千行泪，射扶桑、填海銜山。三十年矣，丹心碧血，一怒卷狂瀾。

（二〇一九年六月四日）

偶占

萬水天傾向海流，神州寥落暮烟收。關山明日扶搖起，鰲擲鯨呿汗漫游。

（二〇一九年某日）

一剪梅　網上拍得李劼先生手札一通

夢入紅樓妙解顰，沐雨清真，倚馬溫文。當機銀漢泄龍門，足踏危津，舌綻春雲。

一去放歌盟宿因，行嘆先秦，坐誦潮音。華枝春滿憶悲欣，山海中人，明月前身。

（二〇一九年六月六日）

戲爲

昔時梅庵琴人朱惜辰，每凝神操縵，人或聞鼾聲，謂近禪境者。典師又號艾村，作書類此者數，兩目矄然，人或入寐，而筆行不輟，法度宛然。嘗見問：什麼是天真爛漫。師未有對。某日垂釣水邊，忽見飛花飄謝，豁然有得，此非天真爛漫者乎。六龍指眼、耳、鼻、舌、身、意六根。

堪笑老僧習氣深，逃禪入墨墨天真。六龍安偃矄矄筆，爛漫飛花夢艾村。

（二〇一九年六月十八日）

游蘇州東山

其一

爲有詩情汩似泉，泛舟只好繞東山。東山笑我偏多事，天地飄飄一片帆。

其二

蘇州太湖東山西山之間有小島，余意今人附會名之以桃花。島上有王鏊讀書處，有龍潭一泓，舊俗投書以安潛龍。

桃花島上訪神仙，只見東西前後山。宰相讀書留舊迹，錢王投簡隱龍潭。

其三

吾華之史實爲文明不斷征服于野蠻之歷史，因之亦爲不斷南渡之歷史。夷齊之采薇，老聃之出關，非南渡而云何。炎黃之戰，商周之變，周秦之變，東晋一朝，天水一朝，至于崖山，至于後來，南無可南矣。太湖東山，古來多南渡後裔，若有明之宰輔王鏊，即其一也。携小兒游其故居陸巷古村惠和堂，徘徊其間感慨系之，撫今追昔千古何异。夜次東山，饌用蒓羹，爲小兒說季鷹故事，飲黃酒一盞。鄰座幾位東山本地大哥見小兒慵懶，熱切招呼，因把盞相敬。余謂東山人杰地靈，彼謂此乃魚米之鄉。復何言哉，復何言哉，今日東山猶存抬猛將舊俗，思其况味，黯然神傷。

銷魂總是五湖烟，南渡衣冠南又南。天下滔滔說不得，炎方今日事猶酣。

其四

登山不負雨花名，記取維摩不議經。行到峰頭何所見，大圓鏡智滿湖明。

（二〇一九年十月四日、五日）

與德海先生石湖小坐

范成大息影石湖，《四時田園雜興》即道此间。湖心有碧雲東茶室，雅潔出塵，老白茶溫潤雋永不負湖山。茶室名出于范石湖句：吳山應在碧雲東。坐湖上，望見上方山頂楞伽塔，石湖句又有：知心海內向來少，解手天涯良獨難，用奉德海先生。

四季田園興味濃，風生兩腋碧雲東。知心海內平湖上，坐望楞伽浮遠空。

（二〇一九年十月十三日）

得書《立墨》

友人推薦《立墨》一書，并贈手作鈦書簽兩枚。淬礪之美，豈無意乎。

明月秋浦唱赧郎，廣陵絕響憶嵇康。牙籤何故雙執鐵，天下當時歸墨楊。

（二〇一九年十一月十日）

送學歸過小橋

徐行又過小橋東，百尺樓高日初紅。何處寒枝聲宛轉，霜心碧落兩無窮。

（二〇一九年十二月十日）

沈陽省父

不負冬晅分外晴，斜橋來看半湖冰。平生客寄江南久，自愛歸來踏雪行。

（二〇二〇年一月三日）

洞仙歌

著書定稿。

神州翻覆，又把蒼生誤。虎氣忽然噬荊楚。問江天，卷雪終古千堆，能信否，此地巋然三戶。

湖山談笑後，墜簡荒江，烽火揚州望無路。欲寄總無由，尺素支離，長相憶、暮橋烟樹。待風雨無妨故人來，小舟過橫塘，水雲深處。

（二〇二〇年二月）

偶得

鐵齋翁，老壽眉，閑窗獨坐柳絲垂。烹茶不待竹林雪，磨墨還須魚腦池。

（二〇二〇年五月十七日）

畫堂春

竹制玉扣紙產于福建長汀。黃庭堅有句「步步穿雲到龍尾」，龍尾山產歙硯，典師有研墨語「細推慢慢研，須有打山功」，今一則以龍尾硯研墨，又指如推龍尾山之功。寫了幾把扇子。太姥山產白茶，傳有祖樹生碧雪芽。

長汀翠玉送涼蔭，慢推龍尾穿雲。引風懷袖墨題新，好寄閑身。

鎮日何由消夏，放歌還弄嵇琴。愛烹太姥壽眉春，碧雪盈樽。

（二〇二〇年六月十三日）

與兒

兒爲烹早餐，因記。

庖厨誰早起，炊爨奉慈親。爲問垂髫子，何如取予分。

（二〇二〇年八月一日）

携兒聽李劼師講古希臘

安提戈涅有從頭，希臘當時無匹儔。异代同聲何處是，道開十字演長流。

（二〇二〇年八月二十日）

東北返滬浦東機場偶遇遠山師

天池爲客久，東海落扶搖。初握三秋爽，曾聽萬籟饒。文章飛俊逸，神氣入虹霄。間世托悠謬，大年長寂寥。

（二〇二〇年九月十一日）

望月懷遠

皆憂時之作，梅山系指煤山，「兩叟辯嵯峨」系指當時美國大選。（二〇二五年補記）

其一

風飈四海客星微，推轉乾坤又一回。知有初心長不負，梅山老樹莫相違。

其二

荒淫汩沒任羲和，能使沉舟濟楚河。昨日晴川何所見，皓然兩叟辯嵯峨。

其三

窮劫只向禪中坐，歷數應從天外來。奇劍光寒奇鑒好，水流花落玉顏開。

其四

漢彘檀郎常并轡，紅娘小玉無嫌猜。三秋花事空飄渺，從此淩烟畫不裁。

其五

一弈喧闐畢竟空，關河耿耿鎖魚龍。滿盤弃子黑兼白，萬事唏噓向此中。

（二〇二〇年十月一日中秋）

踏莎行

夢見俱已辭世之母親與二哥。

斷夢難堪，無常最苦。欲說却又無說處。依稀當日舊家常，覺來怎把風留住。

何况慈恩，還兼手足。人間天上迢迢路。鈍根未破老蒲團，安知大幻空三宿。

（二〇二〇年十月十六日）

望海潮

時當川普二次參選，意其必成，因預有此作，熟料變生。歷四載而后川普始再入白宮，此詞方可示人也。（二〇二五年補記）

世擇天選，山呼海應，堂堂大呂金聲。馳象突驢，翻紅落翠，煌煌再造承平。屈指有何曾。怒發地獄火，鬼域澄清。然諾千鈞，胼胝歷歷爲蒼生。

多少魑魅猙獰。恨政商狗苟，媒體蠅營。流疫萬邦，試毒三日，神龍藏尾驕横。赤頸意難平。狂瀾卷千騎，大厦扶傾。又把四年圖畫，持去看盈盈。

（二〇二〇年十一月五日）

即景

曲致休愁知者希，清風識字滿江隈。停雲蒹葭蒼蒼立，解雨蜻蜓款款飛。放誕秦中頻倒海，焦燎天外正撾雷。爭誇盛夏時節好，切莫深眠夢采薇。

（二〇二一年七月四日）

感事

休道中州苦，囈譫天不聽。往來無异事，慶父壽于彭。

（二〇二一年七月二十日）

無題

西天新定鼎，系指塔列班得阿富漢政權。時在疫中，深憂于時。（二〇二五年追記）

一葉知秋肅，萬方蕭瑟深。西天新定鼎，東海老斫輪。悵望夷洲剩，頻驚癘氣吞。履霜當此夜，蛩響尚逡巡。

（二〇二一年八月十七日）

夢悼雙親

覺來又欲夢還家，苦口呼門無應答。明月青山成永憶，孤兒中歲在天涯。

（二〇二一年八月二十日）

出游

夜坐心何似，秋天洗客塵。朝來忽興至，呼兒踏霜雲。泛泛舟難系，依依山欲蠶。松風思我久，遠迓入胸襟。磊磊升仙梯，潺潺落寒溪。氤氳識香氣，洞天奇復奇。

（二〇二一年九月十九日）

蜉蝣

此應友人李琦女史命題而作。

楚楚衣裳朝暮間，也從大化作翩遷。淩波一點星河淚，欲與莊生喟大年。

（二〇二一年十月十四日）

集句

其一

已凉天氣未寒時（韓偓），故國平居有所思（杜甫）。照夜一燈長耿耿（蘇軾），花開花落兩由之（魯迅）。

其二

流棹西來恨未銷（文天祥），寒沙古木共蕭蕭（盧龍雲）。憑欄一片風雲氣（陳三立），何物千年怒若潮（龔自珍）。

其三

江湖夜雨十年燈（黄庭堅），庾信文章老更成（杜甫）。遠目遙岑無限意（杜範），出門一笑大江横（元好問）。

辭國

是日辭國赴加拿大，于飛行途中有此二首。

其一

未臨平復帖，携筆別雲間。闊野長流月，垂楊不系船。酒曾春夜醉，人比桂花閑。忽作青雲眄，扶搖天地旋。

其二

明心格善惡，閲史變周秦。吐哺重食味，聖朝新轉輪。一關函紫氣，九禹蔽紅塵。滄海飛槎去，采薇不見人。

（二〇二一年十一月十五日）

滿庭芳　寄平江舊友

烟雨石湖，楞伽塔影，西園古寺僧踪。浮生幾度，榮木止孤鴻。聞道紅樓脂硯，慚愧是、覆瓿情衷。一別後，山川异域，流水各西東。

客星驚歲暮，江楓落翠，燭影搖紅。天生我，偏偏字惹清風。此恨歌哭未罷，無言對、冷月霜鐘。長珍重，且留塊壘，來日醉溪桐。

（二〇二一年某日）

大雪

排闥呼兒看，壯哉天地間。飄搖知雪暖，上下戲禽閑。傲岸松凝翠，披離樹滿丹。瓊琚相掩映，深淺勝春妍。

（二〇二一年十一月二十八日）

秋樹

有樹立于草坪，秋至落葉于地，而無風動之，落葉疏疏環樹宛然，其靜謐安逸頗觸懷抱，因有詩焉。

一樹秋心落碧茵，八風不動掃無人。空桑可待成三宿，隨遇能安自有因。

（二〇二一年十二月二日）

橡村除夜

初至加國，居于Oakville，除夕夜大雪，感慨系之。

有生皆客身，域外不思蒓。但可觀天碧，何須沽酒醇。山焚惜鶴氅，海大納綸巾。一夜十年雪，孤懷再世人。

（二〇二二年一月三十一日）

初春

綠茵如舊憶，好鳥試新啼。避世傷春在，吞聲歌黍離。

（二〇二二年四月二十八日）

暮春偶識

爛漫黃英似舊時，天涯不意起鄉思。鄉思還與禪思幷，蒲子紛飛參已遲。

（二〇二二年五月十七日）

悼人

山口縣古稱長門國，有馬關條約簽署地春帆樓。

長門世胄輟清歌，光劭平成啓令和。來日夷洲如有事，春帆樓外問魚蓑。

（二〇二二年七月八日）

後園集句

書葉翻風傍酒樽（葛紹體），閑忙皆是自由身（司空圖）。情懷放蕩無羈束（劉兼），鉛華不禦得天真（李隆基）。四海共誰言近事（羅隱），一枝和日送行塵（許渾）。隋邦危亂誰得免（李翥），雨氣蒼茫生廟門（劉禹錫）。

（二〇二二年九月二十一日）

加拿大千島湖

Kingston，該城位于聖勞倫斯河與安大略湖交匯處，曾短暫爲加拿大首都，軍事要塞Fort Henry至今聳立。水面開闊，大小島嶼星羅棋布，號稱Thousand Islands，是游覽勝地。從小鎮Gananoque碼頭出發，分別穿過美加兩國水域，無數小島建有休假別墅目不暇接。

萬里紅楓國，江湖舊帝州。浮雲接故壘，斜日染荒流。大化羅千島，微軀泛一漚。睦鄰無畛域，任處子陵游。

（二〇二二年十月十三日）

去國一載

飄飄九轉蓬，戰戰性知風。葉落秋天肅，鴻飛曠野空。江湖驚化碧，海島嘆非攻。霰雪絕音問，荒郊淡煮菘。

（二〇二二年十一月十五日）

中秋步月安大略湖畔

幾度霜天仰皓輪，百年興替若忽塵。湖山物外浮沉客，水月光中前後身。何必蒓羹思故里，未妨麻餅悟雲門。粼粼波送秋風爽，吹却空桑三宿因。

（二〇二三年九月二十九日）

阿崗昆即景

其一

Lion Lookout，Dorset Lookout，登高極目，層林五色，連綿天外，蔚爲壯觀。

疑是秋天落五雲，連山爛漫染層林。層林須上高臺看，隱隱寒潭世外深。

其二

阿崗昆中 Peck Lake，環湖野徑，松根裸露，交錯盤亘。

靈山無路踏龍筋，凜凜松香雨後新。觀水聽禽歸倦客，餐風飲露做仙人。

其三

山路驅車，兩側觸目成賞。

神州我是舊漁樵，化外携風過木橋。行見霜紅一片葉，停車就此築僧寮。

（二〇二三年十月二十二日）

信淨師于杭州廣安寺剃度

陳勇先生爲吾大學校友，因與范洵師過從甚密，乃結識，雖未謀面，投契若何。大學就讀之際，其家庭教育講座已廣受歡迎。嗣后推廣吟誦，參學道門，志願支教，多方歷練，悲心矢志，非宿慧深者莫能，而今剃度法王座下，法號信淨。

記取蓮池有故人，昂藏龍象雨花春。一僧披剃十方滿，爲頌彌陀法界新。

（二〇二四年三月二十一日）

喻智官先生《福民公寓》新版上市

喻智官先生旅居愛爾蘭，其長篇小說《福民公寓》叙寫上海文革，其事之切其思之深，并世難有匹者。僕至加國，創設出版公司，幸得喻先生信任，爲此著重新出版。僕并建議修潤此著，蒙先生不弃，納議而新之。信此著有益于世，堪傳諸史。

天涯一去寄孤身，海上絕弦幾度聞。三戶楚狂依舊在，七簽秦火不能焚。風翻字紙肝腸斷，氣動河山血泪深。歧路當年塵未靖，囂囂龍輦又回輪。

（二〇二四年六月四日）

即景

至 Halifax 參加展會，得暇至海邊稍立。

東君振珮斂輕寒，綠鬢裁雲看水邊。萬里多情風迓客，三春無意氣熏禪。波瀾碧海深如許，滋味中年似等閑。漫道蒼茫獨立久，幾回天地去樓船。

（二〇二五年三月二十九日）

遠山道人卅載文集感賦

泠泠環珮振南冥，飛入函關御紫風。天籟一新天下耳，大觀長作大荒燈。厓山恨比蓬山遠，孤志圖匡眾志平。寫罷縱橫千萬句，無功無己復無名。

（二〇二五年七月四日）

水邊

如僧落落少言語，似鶩飄飄通混茫。大略初安天地闊，閑來坐看水雲長。

（二〇二五年七月二十六日）

Published in Canada by Pegasus International Press
Library and Archives Canada Cataloguing in Publication
Title: Minghong's Collection of Chinese Regulated Verse
Names: Minghong, author
ISBN: 978-1-998496-26-6 (paperback)

www.ingramcontent.com/pod-product-compliance
Lightning Source LLC
Chambersburg PA
CBHW031439120626
46545CB00006B/2488
9781998496266